Percepção e imaginação

Percepção e imaginação

Sílvia Faustino de Assis Saes

FILOSOFIAS: O PRAZER DO PENSAR
Coleção dirigida por
Marilena Chaui e Juvenal Savian Filho

São Paulo 2019

*Copyright © 2010, Editora WMF Martins Fontes Ltda.,
São Paulo, para a presente edição.*

1ª edição 2010
2ª tiragem 2019

Acompanhamento editorial
Helena Guimarães Bittencourt
Revisões gráficas
Letícia Braun
Maria Fernanda Alvares
Edição de arte
Katia Harumi Terasaka
Produção gráfica
Geraldo Alves
Paginação
Moacir Katsumi Matsusaki

Dados Internacionais de Catalogação na Publicação (CIP)
(Câmara Brasileira do Livro, SP, Brasil)

Saes, Sílvia Faustino de Assis
  Percepção e imaginação / Sílvia Faustino de Assis Saes. –
São Paulo : Editora WMF Martins Fontes, 2010. – (Filosofias :
o prazer do pensar / dirigida por Marilena Chaui e Juvenal
Savian Filho)

  ISBN 978-85-7827-344-6

  1. Filosofia 2. Imaginação (Filosofia) 3. Percepção (Filosofia) I. Chaui, Marilena. II. Savian Filho, Juvenal. III. Título. IV.
Série.

10-10695	CDD-100

Índices para catálogo sistemático:
  1. Imaginação e percepção : Conceitos : Filosofia   100
  2. Percepção e imaginação : Conceitos : Filosofia   100

Todos os direitos desta edição reservados à
Editora WMF Martins Fontes Ltda.
*Rua Prof. Laerte Ramos de Carvalho, 133 01325-030 São Paulo SP Brasil
Tel. (11) 3293.8150 e-mail: info@wmfmartinsfontes.com.br
http://www.wmfmartinsfontes.com.br*

SUMÁRIO

Apresentação • 7
Introdução • 9

1 Como e o que percebemos? • 11
2 A imaginação: poderes especiais e limites indefinidos • 38

Ouvindo os textos • 53
Exercitando a reflexão • 66
Dicas de viagem • 72
Leituras recomendadas • 74

APRESENTAÇÃO
Marilena Chaui e Juvenal Savian Filho

O exercício do pensamento é algo muito prazeroso, e é com essa convicção que convidamos você a viajar conosco pelas reflexões de cada um dos volumes da coleção *Filosofias: o prazer do pensar*.

Atualmente, fala-se sempre que os exercícios físicos dão muito prazer. Quando o corpo está bem treinado, ele não apenas se sente bem com os exercícios, mas tem necessidade de continuar a repeti-los sempre. Nossa experiência é a mesma com o pensamento: uma vez habituados a refletir, nossa mente tem prazer em exercitar-se e quer expandir-se sempre mais. E com a vantagem de que o pensamento não é apenas uma atividade mental, mas envolve também o corpo. É o ser humano inteiro que reflete e tem o prazer do pensamento!

Essa é a experiência que desejamos partilhar com nossos leitores. Cada um dos volumes desta coleção foi concebido para auxiliá-lo a exercitar o seu pensar. Os temas foram cuidadosamente selecionados para abordar os tópicos mais importantes da reflexão filosófica atual, sempre conectados com a história do pensamento.

Assim, a coleção destina-se tanto àqueles que desejam iniciar-se nos caminhos das diferentes filosofias como àqueles que já estão habituados a eles e querem continuar o exercício da reflexão. E falamos de "filosofias", no plural, pois não há apenas uma forma de pensamento. Pelo contrário, há um caleidoscópio de cores filosóficas muito diferentes e intensas.

Ao mesmo tempo, esses volumes são também um material rico para o uso de professores e estudantes de Filosofia, pois estão inteiramente de acordo com as orientações curriculares do Ministério da Educação para o Ensino Médio e com as expectativas dos cursos básicos de Filosofia para as faculdades brasileiras. Os autores são especialistas reconhecidos em suas áreas, criativos e perspicazes, inteiramente preparados para os objetivos dessa viagem pelo país multifacetado das filosofias.

Seja bem-vindo e boa viagem!

INTRODUÇÃO
Perceber e imaginar...

Você saberia dizer qual é a diferença entre "perceber" e "imaginar"? Você diria que só percebe coisas que existem concretamente ao seu redor e ao seu alcance? E, quanto às coisas ausentes ou inexistentes, você diria que pode imaginá-las? Você seria capaz de imaginar o que nunca percebeu antes?

Quando se preocuparam com a descrição dos conceitos de percepção e imaginação, muitos filósofos formularam questões como essas e procuraram responder a elas. Na verdade, os modos de entender esses conceitos variam muito ao longo da história e dos sistemas de Filosofia, e, a cada vez, as perguntas se modificam. A percepção, por exemplo, é um conceito que ora pende mais para o sensível, ora mais para o intelectual. Assim como aparece ligado às noções de sensação, sensibilidade ou intuição sensível, o conceito também envolve o campo das ideias e da intuição intelectual.

Algo semelhante ocorre com o conceito de imaginação, que vem sempre acompanhado de uma família de conceitos interligados, tais como os de imagem, imaginário, fantasia e representação mental. Para que você possa conhecer essa rica diversidade de significados, apresentaremos um roteiro ilustrado de problemas que foram formulados por certos pensadores de maneira tão genial e frutífera que até hoje nos dão muito a pensar.

Embora os filósofos tenham admitido a existência de percepção nos animais (Aristóteles, por exemplo), nas plantas (Leibniz) e até mesmo em Deus (Berkeley), nosso alvo será a percepção humana. A partir de agora, você conhecerá diferentes maneiras de trabalhar, investigar e descrever os conceitos de percepção e imaginação. Escolhemos autores e obras que consideramos marcos inquestionáveis da história desses conceitos e da própria Filosofia.

1. Como e o que percebemos?

1. A resposta antiga de Aristóteles

Aristóteles (385-322 a.C.) diz que percebemos os "sensíveis" pelos "sentidos". A percepção sensível ou sensação (em grego, *aísthesis*) é um modo de contato e de conhecimento da realidade por meio dos cinco sentidos: visão, audição, olfato, paladar e tato. A percepção sensível é concebida como uma forma de vida comum aos seres humanos e aos animais, sendo ausente nas plantas, que têm uma vida meramente vegetativa, pois nada sentem.

Em Aristóteles, a percepção sensível é uma capacidade complexa e intrinsecamente ligada aos órgãos do corpo. No ato de perceber, há uma articulação entre os objetos sensíveis (cores, sons, cheiros etc.) e as partes do corpo capazes de percebê-los (olhos, ouvidos, nariz etc.). Por isso, com a expressão "os sentidos" são designados tanto os órgãos corporais quanto as capacidades perceptivas de que dispõem: os sentidos são os olhos e a visão. Embora potencialmente tenhamos capacidades variadas de percepção, estas apenas entram em ação – só se *atualizam*, na linguagem de Aristóteles – quando são postas em contato com os objetos sensíveis.

Aristóteles nomeia os objetos sensíveis que são específicos de determinado sentido como "sensíveis próprios". Assim, a cor é sensível próprio da visão, o som é sensível próprio da audição, o quente e o frio são sensíveis próprios do tato etc. Mas há também os "sensíveis comuns": são objetos que, por não serem exclusivos de um sentido específico, podem ser percebidos por mais de um sentido, como o movimento, que pode ser percebido pela visão e pelo tato. Além do movimento, o repouso, o número, a figura e a grandeza são exemplos aristotélicos de sensíveis comuns.

No livro II da obra *Tratado da alma* (*De anima*), Aristóteles opera uma classificação dos sensíveis em dois grandes gêneros: os sensíveis percebidos "por si mesmos", e os sensíveis percebidos apenas "por acidente". Os sensíveis próprios e os sensíveis comuns dos quais acabamos de falar pertencem ao gênero dos que são percebidos "por si mesmos". Mas também percebemos certas coisas "por acidente", por acaso. Isso ocorre quando, por exemplo, reconhecemos alguém pela percepção da cor de uma vestimenta. Nesse caso, a pessoa reconhecida é o "sensível por acidente", pois foi reconhecida de maneira meramente acidental, casual. Contudo, apenas os sensíveis que são percebidos "por si mesmos" (e não de modo casual) são considerados, por Aristóteles, os genuínos objetos da percepção.

Mas como percebemos? A resposta de Aristóteles é a seguinte: recebemos as "formas sensíveis sem a matéria", do mesmo modo que a cera recebe o sinal do sinete sem o ferro ou o ouro (cf. *Tratado da alma*, livro II, cap. 12). Aristóteles pressupõe que o indivíduo que percebe é afetado por objetos compostos de matéria e de forma. Além disso, pressupõe que os órgãos corporais sofrem alterações quando recebem as formas das qualidades sensíveis dos objetos. Se alguém, por exemplo, vê uma pedra, algo se altera em seus olhos, pois eles recebem as formas sensíveis da pedra, sem que assimile também a sua matéria. Aristóteles diz que "não é a pedra que está na alma, mas a forma" (cf. *Tratado da alma*, livro III, cap. 8).

Assim, perceber é acolher e assimilar a forma sensível dos objetos. É desse modo que o nariz recebe a forma sensível do café – o seu cheiro –, mas não a sua matéria, pois o nariz não fica cheirando a café. Também é assim que os olhos recebem o vermelho da rosa – a sua cor –, mas não a sua matéria, pois os olhos não se tornam vermelhos.

Ora, ao entrar em contato com a forma sensível dos objetos, os sentidos não recebem algo indefinido, indistinto ou confuso. Exatamente por serem adaptados às formas, eles são capazes de discriminar, notar diferenças, discernir os sensíveis entre si. Desse modo, é no âmbito dos próprios sentidos que somos capazes de distinguir o doce do salgado, o branco do preto etc.

A percepção sensível não é, pois, somente mera passividade; ela atua como uma capacidade articulada e capaz de fazer discriminações sem que para isso tenha de recorrer a operações do pensamento ou da reflexão. Pela ação articulada, os sentidos podem, inclusive, perceber que percebem. Portanto, é pelos sentidos que alguém percebe que vê, que ouve etc. Não seria possível encontrar, nos escritos aristotélicos, nenhum traço característico da noção moderna de "consciência" ou "autoconsciência".

Ao conferir à percepção sensível o poder de determinar seus próprios objetos, Aristóteles se contrapõe ao seu mestre Platão (428-347 a.C.), que acreditava haver discriminação e comparação dos sensíveis somente no âmbito das operações intelectuais (isto é, não sensíveis) da alma. Mas essa espécie de funcionamento autônomo dos sentidos em relação ao intelecto ou razão (em grego, *noûs*) só é possível devido à notável expansão que Aristóteles opera no campo da percepção sensível.

Os "sensíveis comuns", tais como número e grandeza, por exemplo, não eram considerados por Platão sensivelmente perceptíveis, e sim objetos intelectuais. Devido à ampliação do conceito, Aristóteles pode afirmar que, dispondo somente de percepção sensível, os animais são capazes, por exemplo, de associar determinado cheiro a certa direção, sem que se pressuponha qualquer espécie de elaboração racional. Pode dizer, portanto, que os animais conhecem pela sensação, mesmo não sendo dotados de razão. Para nós, animais racionais, os conteúdos perceptivos são considerados bases seguras e confiáveis para o conhecimento objetivo em geral.

2. Algumas respostas modernas: Descartes, Hume, Kant

2.1. René Descartes

Na filosofia de René Descartes (1596-1650), encontramos uma grande mudança quanto ao modo de conceber o conceito de percepção.

Segundo seus ensinamentos, "o que" percebemos não são diretamente as coisas, mas as representações que temos delas em nossa mente. Uma representação pode ser um pensamento ou uma ideia. Em resumo, pode ser um conteúdo mental através do qual alguma coisa se apresenta à nossa consciência.

Qual é a grande mudança com relação a Aristóteles?

Diferentemente da concepção aristotélica, o verbo "perceber" (em latim, *percipere*), para Descartes, não se refere de maneira exclusiva a processos ou atividades dos sentidos. Quando quer falar das sensações, Descartes emprega o verbo "sentir" (em latim, *sentire*). O termo "perceber" é preferencialmente utilizado para designar um ato puramente mental do intelecto (ou entendimento). A percepção é intelectual. É uma inspeção do espírito, uma capacidade de intelecção e, por ela, o eu pensante tem acesso imediato aos seus pensamentos, especialmente aos que dão lugar a representações claras e distintas.

Como o pensamento, porém, é o atributo essencial do eu pensante, todas as atividades mentais se encontram submetidas a ele e são concebidas como seus distintos modos. Isso significa que duvidar, querer, julgar, imaginar e sentir são diferentes modalidades do pensar. Intelectualista convicto, Descartes afirma que sentir é pensar; sendo a sensação uma atividade pressuposta na produção de qualquer ideia ou representação sensível. Na linguagem de Descartes, em vez de dizer que "vejo uma cor", o correto seria dizer que "penso que vejo uma cor", pois não basta o corpo ser afetado em seus órgãos. É preciso, além disso, que eu tenha a consciência de que ele foi afetado. Sentir implica, portanto, a consciência de sentir.

Para adquirirmos conhecimento dotado de certeza, no entanto, temos de afastar a mente dos sentidos, pois eles podem nos enganar. Para Descartes, a verdade e a evidência estão presentes apenas nas percepções claras e distintas do intelecto puro e incorpóreo. As ideias que provêm das sensações, sejam elas internas, como a fome e a sede, sejam externas, como o calor e o frio, não apresentam conteúdos que sejam confiáveis.

Em uma célebre passagem da obra *Meditações metafísicas*, Descartes compara duas ideias de Sol, inteiramente distintas: aquela que vem dos sentidos, pela qual o Sol aparece como extremamente pequeno, e aquela que vem da astronomia, pela qual o Sol se mostra muitas vezes maior do que a Terra (*Meditações metafísicas*, segunda meditação, § 13). Seu intuito é mostrar que somente a ideia proveniente da astronomia, matematicamente fundamentada (e não sensivelmente), pode representar o sol de maneira adequada ao astro verdadeiramente existente.

Em outro ilustre exemplo, estão as ideias do calor e do frio. Do ponto de vista cartesiano, tais ideias são tão pouco claras e tão pouco distintas, que por meio delas não podemos discernir o ser que as causa. Não podemos discernir se o frio é somente uma privação do calor ou o calor uma privação do frio, ou se calor e frio são qualidades reais e positivas. Para entender a dificuldade, suponhamos que o frio seja privação de calor. Neste caso, a ideia pela qual o frio se mostra como algo real e positivo representa o que nada é – uma privação ou ausência – como se fosse alguma coisa. O intuito de Descartes é mostrar que diante das ideias de calor ou de frio não temos certeza quanto ao tipo de realidade ou ser que está sendo representado. Isso o leva à convicção de que as causas das ideias sensíveis jamais têm um estatuto ontológico plenamente inteligível.

2.2. David Hume

Na obra de David Hume (1711-1776), o conceito de percepção passa por uma nova e grande ampliação: todos os conteúdos da mente humana são percepções, que se distinguem por graus de força e vivacidade.

Seguindo esse critério, Hume classifica as percepções em duas classes ou espécies: as *impressões* são percepções mais fortes e vívidas; os *pensamentos* ou *ideias* são percepções mais tênues, menos fortes e vivazes.

Quando vivenciamos, por exemplo, uma sensação de dor, experimentamos um grau de força e de vivacidade que jamais estará presente quando pensarmos nisso. A experiência imediata de um sentimento ou desejo é sempre mais intensa, penetrante e vigorosa do que sua lembrança. Os tumultos e as agitações reais de uma paixão (do latim *passio*, passividade, sensação passiva) não se conservam na reflexão do pensamento. Este só pode trazer à mente uma cópia da percepção original. Mesmo quando o pensamento atua como um espelho fiel, a cópia ou a imitação que ele produz de uma sensação é sempre uma imagem pálida, sem o brilho da sensação primitiva.

Ora, essa distinção, à primeira vista muito fácil de ser entendida, consiste apenas no primeiro passo em direção à tese filosófica fundamental de Hume acerca da origem de nossas ideias. Segundo ele, todas as nossas ideias, na qualidade de percepções mais tênues, são *cópias* de nossas impressões ou percepções mais vívidas.

Há, portanto, dois movimentos argumentativos: em primeiro lugar, estabelece-se uma *distinção de grau* (e não de natureza) entre duas classes de percepções; em segundo lugar, estabelece-se uma relação de *derivação* em que as percepções mais vívidas são concebidas como elementos originais e das quais as menos vívidas são as cópias.

As ideias dependem das impressões para existir. A importância desse princípio fica clara quando Hume afirma que um cego não pode ter ideias das cores, do mesmo modo que um surdo não pode ter ideias dos sons. O defeito no órgão que recebe as sensações acarreta, no entender do filósofo, uma incapacidade para formar a ideia correspondente. Os sentidos são como canais de recepção dos materiais de que são feitas as ideias. Quem nunca experimentou o vinho não tem a ideia de seu sabor.

Essa tese geral é ampliada para todo o domínio mental: uma pessoa serena ou de espírito tranquilo não pode formar a ideia de um espírito perturbado por um desejo cruel de vingança, do mesmo modo que é difícil para um coração egoísta conceber a generosidade extrema. As ideias são condicionadas por experiências sensíveis efetivamente vividas.

Além do grau de força e vivacidade, que divide as percepções entre impressões e ideias, Hume utiliza outro critério para classificá-las: quer sejam impressões, quer sejam ideias, as percepções podem ser simples ou complexas. As percepções simples são aquelas que não admitem nem distinção nem separação; as complexas são aquelas que podem ser distinguidas e separadas em partes. A visão de uma superfície colorida, por exemplo, não pode ser dividida; portanto, é uma percepção simples.

Na percepção de uma maçã, porém, já se podem distinguir as percepções simples de suas qualidades, tais como a cor, o sabor, o aroma etc. Para Hume, as ideias simples são reflexos diretos das impressões simples, e as representam com exatidão. A ideia simples do vermelho difere apenas em grau (de força e vivacidade) da impressão simples do vermelho, sendo a cópia ou imagem da própria natureza do vermelho. Assim, como uma regra que não admite exceção, Hume afirma que toda ideia simples tem uma impressão simples que a ela se assemelha; e toda impressão simples tem uma ideia correspondente.

Quanto às percepções complexas, já não se pode dizer que as ideias complexas sejam cópias exatas das impressões complexas. O fato de vermos uma cidade e sermos capazes de formar uma ideia complexa dela não significa que essa ideia represente exatamente suas casas e ruas nas proporções corretas. Mas essa falta de correspondência não atinge a tese geral segundo a qual as impressões – sensações, sentimentos, emoções, desejos – são os *materiais* que a experiência sensível fornece à mente para que, por sua mistura e composição, os pensamentos ou ideias sejam compostos.

2.3. Immanuel Kant

A maneira como Immanuel Kant (1724-1804) concebe a percepção não pode ser separada da crucial distinção que ele traça entre *fenômeno* e *coisa-em-si*. A coisa-em-si jamais é percebida, ela é suprassensível, pois está além de nossa capacidade sensível de apreensão. A coisa *em si* não é *para* nós. O fenômeno, por outro lado, encerra o aspecto da coisa tal como ela aparece para nós; por isso, podemos percebê-lo.

Kant radicaliza essa tese: as coisas que existem na realidade e que podem ser objetos da nossa experiência somente aparecem para nós como fenômenos, nunca como coisas-em-si. Assim, o que podemos legitimamente perceber são fenômenos, e só eles são os genuínos objetos da nossa percepção.

Mas como percebemos os fenômenos? Há uma dupla condição: de um lado, é preciso que tenhamos sensações, que são efeitos causados pelos objetos quando afetam nossos sentidos; de outro lado, é necessário que tenhamos a consciência acompanhando e atuando junto a essas sensações. Kant chega a definir a percepção como sensação acompanhada de consciência (*Crítica da razão pura*, A 225), isto é, a percepção é um estado da consciência (e não dos órgãos do corpo) em que há, ao mesmo tempo, sensação.

O que é a sensação?

Segundo Kant, a sensação é meramente a *matéria* da percepção, mas é preciso que existam *formas* de recepção dessa matéria. Ora, essas formas não estão nos objetos percebidos, mas na consciência do sujeito que percebe. Essas formas são o espaço e o tempo, que estruturam e organizam os dados brutos e dispersos das sensações.

Tentemos entender melhor o raciocínio de Kant.

As aparências das coisas causam em nós sensações (de cores, sons etc.). Tais sensações consistem, no entanto, numa espécie de matéria bruta, múltipla e diversificada, que necessita de ordenação.

A ordenação do múltiplo ou diverso sensível é operada pelas formas do espaço e do tempo. Somente quando essa ordenação espaçotemporal ocorre é que temos os fenômenos, que são os objetos da percepção. Quando, por exemplo, percebo uma árvore, a matéria das sensações produzidas já se encontra ordenada segundo as relações do espaço e do tempo. A tese crucial de Kant é, então, a seguinte: o espaço e o tempo são as únicas formas pelas quais podemos perceber os fenômenos ou objetos da experiência.

O conceito de percepção serve para iluminar um outro conceito importante no sistema de Kant: o de *intuição empírica*. É empírica somente a intuição que se relaciona com os objetos por meio da sensação. A percepção é, pois, intuição empírica, intuição na qual se tem consciência de um objeto, representado como real no espaço e no tempo. E falamos de *intuição*, aqui, não no sentido de uma "inspiração", como ocorre na linguagem comum. O sentido da intuição, em Filosofia, é o de um conhecimento direto, sem necessidade de raciocínios. Em latim, o verbo *intuo* significa "ver", e é dele que provém nossa palavra *intuição*.

Ocorre, porém, o seguinte: para haver conhecimento de objetos, é preciso que haja intuições empíricas e conceitos. Ou melhor: é preciso que conceitos se apliquem às intuições, de modo a formar juízos, pois somente juízos podem conter e veicular conhecimentos.

É bastante conhecida a seguinte tese kantiana: conceitos sem intuições são vazios, intuições sem conceitos são cegas (*Crítica da razão pura*, A 51/B 103).

A experiência requer intuições e conceitos, e o conhecimento só é possível quando as intuições são determinadas por conceitos nos atos do juízo.

Muita atenção, agora, para o seguinte: em Kant, a faculdade das intuições é a sensibilidade, e a faculdade dos conceitos é o entendimento. Essas duas faculdades, capacidades ou poderes têm funções e produtos específicos, mas sem a colaboração de ambas não há, rigorosamente falando, nem experiência, nem conhecimento empírico.

Todos os conceitos que vínhamos tratando – sensação, percepção, intuição empírica – pertencem ao campo da sensibilidade. O que precisa ser enfatizado é que a sensibilidade possui elementos formais – o espaço e o tempo – que a estruturam como faculdade capaz de receber, assimilar ou captar o mundo dos fenômenos. Ou seja, ela é uma capacidade receptiva (e não espontânea), mas possui formas definidas por meio das quais a receptividade que lhe é própria pode ser exercida.

Além disso, convém lembrar que a separação entre a sensibilidade e o entendimento feita por Kant está ligada à sua recusa em deixar que um desses poderes se subordine ao outro, pois é da combinação de suas atividades e produtos que a nossa experiência se torna possível. *Grosso modo*, pode-se dizer que Kant não aceita nem a subordinação do sensível ao intelectual, como vimos em Descartes, nem a subordinação do intelectual ao sensível, como vimos em Hume.

3. As respostas contemporâneas de Merleau-Ponty e Wittgenstein

3.1. Maurice Merleau-Ponty

Maurice Merleau-Ponty (1908-1961) está entre os filósofos que mais contribuíram para inovar, na contemporaneidade, o conceito filosófico de percepção.

Obra de referência para o assunto no século XX, seu livro *Fenomenologia da percepção* faz críticas contundentes a certas concepções clássicas, sobretudo ao empirismo e ao intelectualismo modernos.

Merleau-Ponty critica oposições dualistas (tais como mente e corpo, sujeito e objeto), recusa a explicação causal da percepção (que toma o sensível como mero efeito de estímulos externos) e nega que se podem encontrar regras estáveis de associação entre elementos perceptivos, assim como também recusa a tese de que a percepção só ocorre mediante operações intelectuais de ordenação de um suposto mundo caótico das sensações.

Ora, você já deve ter notado que algumas das teses que vínhamos expondo caem na linha certeira dessas críticas.

Merleau-Ponty concebe a percepção como um acesso originário ao mundo, um conhecimento de existências pressuposto por todos os atos da consciência humana. A seus olhos, as empreitadas analíticas de algumas filosofias clássicas acabaram deixando de lado o próprio *fenômeno* perceptivo. Mas essa perda ocorreu porque, em vez de dar atenção à experiência perceptiva como um todo, tenderam a fazer do objeto percebido um alvo quase exclusivo.

A ênfase sobre o objeto revela a adesão filosófica ao esforço geral de objetivação típico da ciência moderna. Segundo Merleau-Ponty, o impulso teórico para o objetivo acarretou o empobrecimento da noção de percepção, que ficou restrita às operações de conhecimento, como se o sujeito perceptivo se pusesse diante do mundo do mesmo modo que um cientista se põe diante de suas experiências.

Cabe, portanto, à investigação fenomenológica da percepção reintegrá-la ao *campo perceptivo* no qual a consciência vê um sentido brotar das coisas percebidas, e reconhecer que estas são dadas sempre num *horizonte de sentido* – e não isoladamente, por meio de dados sensíveis separados, que teríamos de ligar pelo pensamento ou operações do intelecto.

Para Merleau-Ponty, há uma aderência inegável de todo percebido ao seu contexto, à situação em que ele aparece, à atmosfera que faz parte de sua vivência. A percepção das qualidades se inscreve no cosmos da existência em que afetos e valores se misturam no percebido. Diante da experiência sensível entendida como parte integrante do processo vital, certas noções clássicas – tais como dado perceptivo isolado, impressão pura, sensação pura etc. – tornam-se ilusões teóricas de grande prejuízo. Merleau-Ponty salienta que o "algo" perceptivo está sempre no meio de outras coisas, em meio a coexistências que podem se agrupar em diferentes constelações de sentido.

Além dos ensinamentos de Edmund Husserl (1859--1938), Merleau-Ponty baseia-se nos resultados da Psicologia da *Gestalt* (*Gestaltpsychologie*, psicologia da forma ou teoria da forma, elaborada por psicólogos alemães no início do século XX). Nesse tipo de pesquisa psicológica, Merleau-Ponty encontra uma base sólida para as suas convicções. Ele se apropria da tese segundo a qual uma figura sobre um fundo é o dado sensível mais simples que podemos obter. Ora, se a experiência perceptiva mais básica já envolve uma relação figura-e-fundo, isso demonstra, para Merleau-Ponty, que toda percepção tem uma *estrutura* complexa que não pode ser descrita como atos separados de ligação de uma consciência que forneceria aos dados sensíveis aquilo que eles mesmos não poderiam conter.

A investigação proposta por Merleau-Ponty inviabiliza a crença de que as sensações se reduzem a relações pontuais de causa e efeito, como se fossem efeitos determinados (em certas partes do corpo) de causas também determinadas (certas qualidades dos objetos). Com a análise lógica da percepção, diz o filósofo, deixou-se escapar o próprio fenômeno da percepção.

Segundo Merleau-Ponty, o que sentimos e percebemos são totalidades dotadas de sentido. Assim, quando percebemos uma árvore, notamos ao mesmo tempo as suas cores, suas folhas, seu tronco, sua sombra, a posição que ocupa na paisagem, sendo essa uma experiência que entrelaça todas essas vivências e engloba todos esses aspectos. Se tentarmos dividir e ordenar a percepção e o percebido em suas partes, perderemos sua unidade, o todo significativo que lhe confere sentido. As coisas percebidas não se doam como partes, mas são vividas como totalidades que variam conforme as perspectivas, os recortes, os perfis com que são tomadas. O que percebemos se organiza em formas e estruturas. Examinemos os seguintes exemplos:

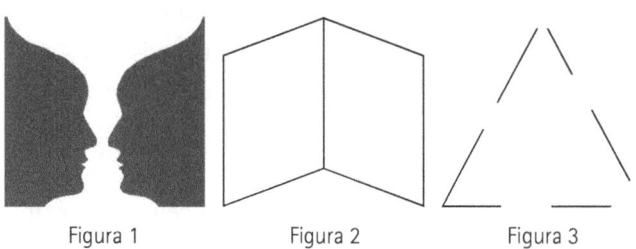

Figura 1   Figura 2   Figura 3

Na Figura 1, percebemos ora um vaso branco sobre um fundo preto, ora dois perfis pretos sobre um fundo branco. Na Figura 2, percebemos a abertura do livro ora côncava, ora convexa.

Em ambas as experiências perceptivas, o que vemos depende da perspectiva com que tomamos formas e estruturas das figuras. Não se trata nem de uma recepção meramente passiva dos traços, nem de uma interpretação que liga dados isolados e que se acrescenta a eles, pois, quando percebemos a figura ora de um jeito, ora de outro, não projetamos nela nada que já não esteja lá, desde o início.

Na Figura 3, percebemos a forma de um triângulo, mesmo que seu contorno apareça interrompido em alguns pontos. Esse exemplo ilustra a tese de que, em vez de perceber a figura por uma sequência de sensações pontuais que percorreriam seus segmentos, nós a percebemos imediatamente como um todo, apesar das suas interrupções.

3.2. Ludwig Wittgenstein

A *percepção de aspectos* é um conceito que ocupa lugar de destaque na filosofia de Ludwig Wittgenstein (1889-1951). Sua investigação abrange várias noções ligadas aos fenômenos perceptivos.

Assim como Merleau-Ponty, Wittgenstein confere grande importância filosófica à Psicologia da *Gestalt*. Ele se demora na análise do fenômeno da "revelação de um aspecto" ou da "mudança de aspecto". Tal fenômeno ocorre quando observamos certas figuras, tais como esta, da cabeça pato-lebre, do psicólogo americano Joseph Jastrow (1863-1944):

Figura 4

Pode-se vê-la como cabeça de pato ou como cabeça de lebre. A figura – ou "objeto figurado", como diz Wittgenstein – pode ser vista sob mais de um aspecto, e sua percepção varia conforme varia o aspecto. Quando notamos um aspecto que até então não tínhamos notado, passamos a *ver* a figura *como* algo diferente. O fenômeno da revelação do aspecto chama a atenção de Wittgenstein porque envolve o seguinte paradoxo: existe uma só figura que permanece a mesma, e, no entanto, a vemos ora como pato, ora como lebre. Ou seja: a figura parece alterar-se e ao mesmo tempo vemos que ela não se altera.

Tentando dar conta dessa dificuldade, o psicólogo gestaltista Wolfgang Köhler (1887-1967) encontra uma explicação que não poderá ser inteiramente aceita por Wittgenstein. Observemos novamente a Figura 4 e tentemos vê-la ora como pato, ora como lebre. Köhler não diria que vemos um único objeto sob diferentes aspectos, mas que vemos dois objetos diferentes ou duas realidades visuais. O problema dessa explicação, aos olhos de Wittgenstein, está em que nela o aspecto se transforma em uma entidade psíquica exclusivamente produzida pela mente do sujeito que percebe. Pois, considerando que há uma única figura desenhada no papel, e levando em conta também que a organização dos elementos da figura não se altera, onde teriam de ser buscados os distintos "objetos" da percepção? A resposta teria de ser: na mente do sujeito que percebe.

Wittgenstein rejeita a ideia de que a forma (*Gestalt*) percebida deve ser entendida como uma entidade realmente existente, pois o aspecto não pode ser um "objeto" no mesmo sentido em que um lápis é um objeto.

Se o aspecto for tomado como um objeto, inevitavelmente ele será considerado "objeto mental". E, sendo assim, a variação do aspecto passa a ser explicada pela variação meramente psicológica das entidades mentais dos sujeitos que percebem.

Wittgenstein procura uma explicação que considere a figura ponto de partida e critério para a visão dos aspectos. Por essa razão, em sintonia com a mudança de método que propõe para a Filosofia, ele investiga não os fenômenos perceptivos como tais, mas o uso das expressões que são utilizadas para a sua manifestação ou para a comunicação do que é visto ou percebido. *O que* é percebido pode ser apresentado por meio de uma exclamação, que escapa como um grito em relação à dor. Mas também pode ser descrito, comunicado ou relatado.

Segundo Wittgenstein, a percepção de aspectos se encontra num campo conceitual bastante elástico, que vai desde *vivências visuais* em que não utilizamos conceitos até *interpretações*, que envolvem pensamentos, conceitos, hábitos e educação. É possível, por exemplo, que duas pessoas observem o mesmo objeto, do mesmo lugar e sob as mesmas circunstâncias, mas não tenham percepções visuais idênticas, mesmo que em suas retinas as imagens sejam idênticas. Ou seja: algo, além dos olhos, determina a percepção. Nem todos veem os mesmos aspectos: alguns porque não querem, outros porque não foram treinados, outros porque não conseguem mesmo.

Em toda parte, podemos encontrar a cegueira para aspectos. A percepção de aspectos pode ser um estado psicológico passivo, mas também uma ação, uma atitude, uma habilidade que se adquire, um poder situar-se sob pontos de vista distintos, pois percebemos relações distintas entre objetos, fatos e ações. Um caso paradigmático da revelação de um aspecto ocorre quando reconhecemos uma *semelhança de família* entre diferentes rostos.

As observações de Wittgenstein sobre a percepção de aspectos formam o que pode ser chamado de gramática do "ver-como", que integra a investigação geral do uso das expressões que envolvem as experiências perceptivas. É importante notar que, embora tenha se dedicado bastante a esse tema, sobretudo em seus últimos escritos, Wittgenstein jamais diz que o "ver-como" é a forma essencial de toda percepção. Nem toda percepção é uma percepção de aspecto.

Como ele próprio adverte, não teria sentido algum olharmos para um garfo e uma faca e dizer que os vemos *como* garfo e faca. Ou seja: o fato de ter chamado a atenção para a possibilidade de um contraste entre duas maneiras distintas – e igualmente legítimas – de ver uma mesma figura (no caso da Figura 4, ora como pato, ora como lebre) não significa que esse fenômeno ocorre em todas as nossas percepções. E, quando vemos conforme uma interpretação, a interpretação não é um elemento isolado, que construímos mentalmente, e que se acrescenta a dados sensíveis brutos, pois ela não é algo imposto de fora, nem é forçada a entrar numa forma que não a contém.

2. A imaginação: poderes especiais e limites indefinidos

1. A imaginação segundo Aristóteles

A descrição aristotélica da imaginação constitui uma das fontes privilegiadas do estudo desse conceito até hoje, por duas razões: por tê-la concebido como uma capacidade distinta da alma, e por ter chamado a atenção para a dificuldade de seu adequado entendimento filosófico. Segundo Aristóteles, a imaginação (em grego, *phantasía*) é a capacidade segundo a qual estamos aptos a produzir imagens ou representações (em grego, *phantásmata*). Aristóteles concebe a imaginação como uma potência ou disposição complexa e ampla, com desempenhos relevantes no âmbito da memória, do desejo, da motivação, da linguagem e do pensamento.

É, porém, no contexto da distinção radical que ele pretende traçar entre percepção sensível e intelecto que se abre o espaço para o tratamento da imaginação como uma faculdade específica.

Seria exagero, no entanto, dizer que a imaginação é apresentada como uma faculdade intermediária, supostamente responsável pela doação dos conteúdos perceptivos às operações do intelecto. Em momento algum de sua obra, a imaginação se interpõe entre a percepção e o intelecto como uma espécie de elo vinculador e sistemático, com a função de promover operações cognitivas.

É certo que Aristóteles afirma que sem percepção sensível não ocorre imaginação, assim como sem imaginação não ocorrem suposições ou juízos (*Tratado da alma*, livro III, cap. 3). Mas dessa afirmação geral não se pode extrair nenhuma teoria específica sobre as relações entre percepção, imaginação e juízo, uma vez que Aristóteles estava mais preocupado em distinguir essas faculdades do que oferecer um modelo explicativo de suas possíveis relações. Aliás, o caráter inspirador de seu texto para a posteridade filosófica vem precisamente da riqueza de suas suposições e de certa insuficiência em suas explicitações teóricas. O que se depreende é que a imaginação pressupõe em geral a percepção, e que o intelecto pressupõe em geral a imaginação.

O conceito aristotélico de imaginação tem múltiplas faces, e sua lapidação é feita por um jogo de distinções e de aproximações que envolvem desde fenômenos psicológicos, como os sonhos e a memória, até as modalidades da suposição ou juízo (em grego, *hypólepsis*), tais como conhecimento (*epistéme*), crença (*dóxa*) e entendimento prático (*phrónesis*).

Mas a relação da imaginação com o conhecimento é bastante complexa e depende do tipo de ligação que ela pode ter com a verdade e a falsidade. Numa das primeiras distinções que estabelece entre a imaginação e o intelecto, Aristóteles sugere que, por sua própria natureza, a imaginação não está apta ao verdadeiro e ao falso do mesmo modo que os juízos. A imaginação depende de nossa vontade, de uma maneira que os juízos não podem depender. Pois podemos imaginar o que bem quisermos, e em nossa imaginação as imagens se formam livremente, sem que sua verdade ou falsidade esteja em questão. Quanto aos juízos, no entanto, Aristóteles afirma que eles não dependem de nós para serem verdadeiros ou falsos.

A diferença está então no fato de que os juízos implicam uma referência à realidade, que a imaginação, pelo seu próprio poder, não pode implicar. Dado o caráter voluntário que possui, ela não pode ter a mesma vocação referencial que os juízos têm como instrumentos de nosso conhecimento. Sob esse aspecto, as coisas imaginadas não têm o compromisso de representar, correta ou incorretamente, a realidade.

Aristóteles dá um exemplo para ilustrar esse ponto. Quando julgamos que algo é terrível, sentimos medo ou pavor, pois acreditamos estar realmente diante de algo terrível; mas, se apenas imaginamos algo terrível, podemos contemplá-lo sem a respectiva emoção, pois é como se estivéssemos vendo o terrível numa pintura.

Um outro aspecto relevante na concepção aristotélica de *phantasía* consiste na intervenção desse conceito nas explicações dos movimentos animais e da ação humana. Aristóteles distingue dois tipos de imaginação, a perceptiva e a raciocinativa ou calculativa (*Tratado da alma*, livro III, cap. 10). Todos os seres sensíveis se locomovem porque são capazes de desejar, e não podem desejar sem imaginação. Somente os seres humanos, dotados de razão, têm imaginação calculativa e, nessa medida, raciocinam, deliberam, medem suas ações tendo em vista seu desejo, caso em que a imaginação se aproxima muito do que Aristóteles chamou de intelecto prático. Quanto aos outros animais, eles se movem seguindo uma imaginação meramente perceptiva, agindo por impulsos ou ações imediatas que os conduzem na direção dos objetos de seu desejo, assim como os levam a fugir daqueles que temem.

2. A imaginação segundo Descartes

Embora David Hume e Immanuel Kant sejam pensadores que muito contribuíram para a história do conceito filosófico de imaginação, escolhemos Descartes como o representante moderno dessa história, por um motivo simples: a maioria dos problemas formulados acerca da imaginação na filosofia contemporânea tem as concepções cartesianas como pano de fundo.

Embora em seus escritos juvenis Descartes tenha exaltado a imaginação poética, o que marca a sua posição em relação à imaginação é o descrédito quanto aos seus poderes e extensão no campo do conhecimento.

A imaginação é considerada um dos modos do pensamento, ao lado da sensação, da vontade e do juízo. Mas, como Descartes faz questão de enfatizar, ele a concebe como uma faculdade radicalmente distinta do intelecto puro, este sim o atributo ou qualidade essencial do eu pensante.

A imaginação é analisada no início da sexta parte das *Meditações metafísicas*, no momento em que Descartes se prepara para demonstrar a existência das coisas materiais a partir das ideias ou representações que o sujeito tem delas. Ora, por que a imaginação é requerida nesse contexto?

Porque a imaginação é concebida como uma faculdade especialmente adaptada às imagens que se formam no cérebro a partir das percepções sensíveis. Como se lê na segunda meditação, o ato de imaginar "nada mais é do que contemplar a figura ou a imagem de uma coisa corporal" (*Meditações metafísicas*, segunda meditação, § 8). A imaginação lida com imagens que se formam numa parte interna do cérebro, onde existe uma pequena glândula – a "glândula pineal" –, que chegou a ser considerada por Descartes base corporal da imaginação.

Geradas e alojadas no cérebro, as imagens das coisas corpóreas se apresentam à imaginação, que forma suas ideias a partir delas. Sob essa perspectiva, a imaginação se mostra como um poder muito mais reprodutivo do que produtivo, e, mesmo quando se admite nela o poder de criar ficções, tal poder se limita às imagens já impressas no cérebro pela percepção.

A imaginação é, portanto, uma capacidade que pertence ao sujeito, considerado não do ponto de vista de sua essência, isto é, como pensamento puro, mas unido ou misturado a um corpo. Ora, exatamente por ser uma faculdade que opera na interação entre mente e corpo, a imaginação é destituída de valor quanto aos seus poderes de conhecimento. No âmbito do intelectualismo cartesiano, ela será sempre inferior ao intelecto puro.

Descartes ilustra sua tese dizendo que, quando imagina um triângulo, não apenas o concebe como uma figura composta de três linhas, mas, além disso, considera "essas três linhas como presentes pela força e aplicação de seu espírito" (*Meditações metafísicas*, sexta meditação, § 2). Imaginar um triângulo consiste, pois, em visualizá-lo, em fazer que sua imagem apareça diante da mente ou espírito.

Mas qual o problema da imaginação para Descartes? Ele diz o seguinte: pode-se formar mentalmente a imagem de um triângulo ou outro polígono de poucos lados com muita facilidade, mas o que dizer quando se tenta imaginar os mil lados de um quiliógono?

Descartes sustenta que isso é impossível, pois só de maneira muito confusa a mente consegue vislumbrar uma figura de mil lados. Em sentido estritamente cartesiano, não conseguimos imaginá-la, isto é, vê-la nitidamente com os "olhos do espírito". E, quanto à figura confusa que conseguimos vislumbrar, torna-se evidente que ela não é um quiliógono, pois não teríamos como distingui-la de uma outra, de dez mil lados (um miriágono), que por acaso tentássemos imaginar. Ao depender das imagens ou configurações mentais, o alcance da imaginação torna-se muito mais restrito e limitado que o das noções claras e distintas do intelecto puro.

Diferentemente da imaginação, o intelecto puro pode conceber as figuras geométricas *sem* o acompanhamento de imagens; e, por isso, pode representar clara e distintamente qualquer figura, seja de três, de mil ou de dez mil lados. Para isso, bastam-lhe as noções e definições geométricas. Embora a imaginação seja indispensável, no sistema cartesiano, para a demonstração da existência dos corpos, seu papel será sempre auxiliar e acessório no conhecimento, pois permanece um privilégio do intelecto puro o conhecimento da essência de todas as coisas, mesmo das coisas corpóreas. Ora, é por conceber apenas *com* imagens que a imaginação não pode gerar nem a ideia das essências imateriais e incorpóreas, nem a ideia de Deus.

3. A imaginação na contemporaneidade: o problema das imagens mentais

O debate atual acerca da imaginação é marcado pelas dificuldades que grande parte dos filósofos atribui ao conceito de "imagem" ou "representação" mental. Duas razões estão por trás dessas dificuldades.

Uma primeira razão consiste em assumir, no campo da Filosofia, que imaginar é uma atividade psicológica; a outra razão consiste em que, apesar disso, é necessário preservar o teor propriamente filosófico das investigações conceituais acerca da imaginação.

Com o surgimento do behaviorismo, na primeira metade do século XX, se evidencia certo esgotamento do conceito moderno de mente ou consciência. E diminui cada vez mais a crença na consistência e utilidade das observações introspectivas. Com seus métodos e teorias, os behavioristas pretendiam mostrar que os fatos objetivos do comportamento humano e animal poderiam ser examinados sem o menor recurso à introspecção.

Derivado do latim *introspicere* ("olhar para dentro"), o termo '"instrospecção" designa um procedimento da psicologia experimental que acabou sendo amplamente associado às doutrinas filosóficas de Descartes. Pois ele defendeu o acesso privilegiado do eu a seus estados mentais e sustentou que todo ser pensante pode observar e descrever os conteúdos de sua própria mente.

Contrários ao método introspectivo, os behavioristas rejeitam a necessidade de pesquisar os processos mentais ou mecanismos internos, que supostamente estariam por trás de seus efeitos comportamentais externos. Do ponto de vista behaviorista, os genuínos objetos da ciência da Psicologia devem ser exclusivamente os comportamentos publicamente observáveis. Desde então, muitos filósofos contemporâneos têm posto sob suspeita a confiança no acesso aos processos ou eventos do mundo interior subjetivo e, como consequência disso, são levantadas sérias dúvidas quanto ao estatuto e à relevância das imagens mentais.

Embora o behaviorismo tenha perdido sua força, sobretudo após o avanço das neurociências, filósofos e psicólogos continuam debatendo intensamente sobre as imagens mentais. Alguns insistem que elas existem, outros negam a sua existência, e há os que, mesmo não se pronunciando claramente sobre essa questão, procuram métodos alternativos à introspecção.

É praticamente impossível àqueles que se dedicam atualmente à filosofia da Psicologia evitar as discussões em torno do caráter problemático das imagens mentais. Mesmo Jean-Paul Sartre (1905-1980), que está longe do behaviorismo e é um dos autores que se dedicam especificamente ao tema da imaginação em suas reflexões fenomenológicas, reconhece ser muito difícil entender o modo de ser das imagens. Ele denomina "ontologia ingênua" a concepção da imagem mental como cópia de uma coisa.

Essa visão que, segundo ele, "é a de todo mundo", padece de dois graves defeitos: primeiro, considera a imagem uma coisa; segundo, transfere para a imagem as mesmas qualidades da coisa imaginada. Isso ocorre, por exemplo, quando alguém imagina uma folha de papel e transfere para a folha "em imagem" as mesmas qualidades que a folha teria "em pessoa" (*A imaginação*, introdução).

Em seus últimos escritos, Wittgenstein se demora na consideração do problema das imagens mentais. Ele não nega, contudo, a sua existência; apenas propõe um radical deslocamento da investigação: em vez de perguntar o que são as imagens ou representações mentais, propõe que se pergunte como a palavra "representação", ou "imaginação", é usada (*Investigações filosóficas*, § 370).

Sua finalidade consiste em questionar o forte vínculo conceitual que se consolidou entre representação (em alemão, *Vorstellung*) e imagem ou figuração (*Bild*), bem como entre o ato de imaginar e o de ter uma impressão visual por meio de um suposto olhar interior. Sua estratégia é mostrar que os usos das expressões ligadas à imaginação envolvem contextos práticos que não implicam necessariamente a evocação de imagens mentais. As pessoas comunicam o que imaginam por meio de desenhos ou de escritos, sem que estejam vendo algo com seu olho mental. E, quando atribuímos imagens mentais às outras pessoas, fazemos isso com base no que elas dizem e fazem, isto é, com base em seu comportamento expressivo, que é o único critério possível de nossa atribuição.

Assim, o problema não consiste em saber se as imagens mentais existem ou não (pois não se trata de negá-lo), mas como elas podem ser usadas como critério de significação do uso do conceito de imaginação. Do ponto de vista wittgensteiniano, o paradigma clássico, que vincula a imaginação à visão mental ou visualização, deixa obscura a profunda diferença entre o ver e o imaginar (ou representar-se algo). Wittgenstein diz que a conexão entre o ver e o imaginar é forte, mas nega que haja semelhança entre ambos os fenômenos e seus respectivos jogos de linguagem (*Fichas*, §§ 625 e 629).

Uma das diferenças consiste em que a imaginação está submetida à vontade, pois podemos controlá-la (por exemplo, quando evitamos imaginar certas coisas). Isso já não ocorre quando vemos algo, pois, mesmo que quiséssemos, não poderíamos eliminar ou suprimir o que vemos. Se, por um lado, enquanto olhamos para um objeto, não conseguimos imaginá-lo; por outro lado, quando imaginamos um objeto, não podemos observá-lo (*Fichas*, §§ 621 e 632). Consequentemente, as imagens da representação não contêm informações específicas sobre como as coisas estão no mundo, do mesmo modo que as imagens visuais ou auditivas.

Wittgenstein, no entanto, sempre nos convida a imaginar coisas em seus escritos, nos instiga a fazer "experimentos de pensamento". E chega a afirmar que, para ver certos aspectos, precisa-se de um poder de imaginação. Portanto, ele não desprestigia a imaginação nem recusa a existência das imagens mentais. Apenas critica a visão de que o acesso privilegiado e privado às imagens mentais possa ser mobilizado para esclarecer os critérios do entendimento e da comunicação que os humanos têm entre si, como seres dotados de linguagem.

Não é pela introspecção que os critérios de significação são estabelecidos e convencionados, mas pelo aprendizado do uso de sinais, pela familiaridade com os contextos práticos em que os gestos e expressões ganham sentido. Assim, se aquilo que imagino pode ser expresso na linguagem em que todos me entendem (e que não é privada), mesmo que eu diga que aquilo que imagino está diante de minha mente, terei de exteriorizar, comunicar, relatar ou descrever aquilo que estou imaginando. E então, fatalmente, terei de utilizar sinais linguísticos para fazer isso.

Por outro lado, quem consegue me entender, o faz não porque tem a mesma imagem mental que eu tenho (os dados sensíveis são privados), mas porque entende a minha linguagem. Ora, quando calculamos de cabeça, não seguimos regras diferentes daquelas que seguimos quando calculamos no papel. Se nos cálculos mentais não utilizamos sinais escritos, sonoros ou gestuais, isso não altera em nada a natureza das operações cujo aprendizado só foi possível por meio deles.

OUVINDO OS TEXTOS

Texto 1. Aristóteles (385-322 a.C.), *Perceber, pensar e imaginar*

No geral e em relação a toda percepção sensível, é preciso compreender que o sentido é o receptivo das formas sensíveis sem a matéria, assim como a cera recebe o sinal do sinete sem o ferro ou o ouro, e capta o sinal áureo ou férreo, mas não como ouro ou ferro. E da mesma maneira ainda o sentido é afetado pela ação de cada um: do que tem cor, sabor ou som; e não como se diz ser cada um deles, mas na medida em que é tal qualidade e segundo a sua determinação. [...] É evidente, então, que o perceber não é o mesmo que o entender. Pois, do primeiro compartilham todos os animais e do segundo, apenas poucos. Tampouco o pensar [...] é o mesmo que o perceber, pois a percepção sensível dos sensíveis próprios é sempre verdadeira e subsiste em todos os animais, ao passo que o raciocinar admite ainda o modo falso, não subsistindo naquele que não tem razão. A imaginação é algo diverso tanto da percepção sensível como do raciocínio; mas a imaginação não ocorre sem percepção sensível e tampouco sem imaginação ocorrem suposições. [...] A imaginação não é pensamento e suposição. Pois essa afecção depende de nós e do nosso querer (pois é possível que produzamos algo diante dos nossos olhos, tal como aqueles que, apoiando-se na memória, produzem imagens), e ter opinião não depende somente de nós, pois há necessidade de que ela seja falsa ou verdadeira.

> ARISTÓTELES. *De anima*. Trad. Maria Cecília Gomes dos Reis. São Paulo: Editora 34, 2006, livro II, capítulo 12; livro III, capítulo 3.

Texto 2. René Descartes (1596-1650), *Sentir é pensar; imaginar não é puro pensar*

Mas o que sou eu, portanto? Uma coisa que pensa. Que é uma coisa que pensa? É uma coisa que duvida, que concebe, que afirma, que nega, que quer, que não quer, que imagina também e que sente. [...] Haverá, também, algum desses atributos que possa ser distinguido de meu pensamento, ou que se possa dizer que existe separado de mim mesmo? Pois é por si tão evidente que sou eu quem duvida, quem entende e quem deseja que não é necessário nada acrescentar aqui para explicá-lo. E tenho também certamente o poder de imaginar; pois, ainda que possa ocorrer (como supus anteriormente) que as coisas que imagino sejam verdadeiras, este poder de imaginar não deixa, no entanto, de existir realmente em mim e faz parte do meu pensamento. Enfim, sou o mesmo que sente, isto é, que recebe e conhece as coisas como que pelos órgãos dos sentidos, posto que, com efeito, vejo a luz, ouço o ruído, sinto o calor. Mas, dir--me-ão que essas aparências são falsas e que eu durmo. Que assim seja; todavia, ao menos, é muito certo que me parece que vejo, que ouço e que me aqueço; e é propriamente aquilo que em mim se chama sentir e isto, tomado assim precisamente, nada é senão pensar. [...] Noto primeiramente a diferença que há entre imaginação e a pura intelecção, ou concepção. Por exemplo, quando imagino um triângulo, não o concebo apenas como uma figura composta e determinada por três linhas, mas, além disso, considero essas três linhas como presentes pela força e aplicação interior de meu espírito; e é propriamente isso que chamo imaginar. Quando quero pensar em um quiliógono, concebo na verdade que é uma figura composta de mil lados tão facilmente quanto concebo que um triângulo é uma figura composta de apenas três lados; mas não posso imaginar os mil lados de um quiliógono como faço com os três lados de um triângulo, nem, por assim dizer, vê-los como presentes com os olhos de meu espírito. [...] Noto, além disso, que essa virtude de imaginar que existe em mim, na medida em que difere do poder de conceber, não é de modo algum necessária à minha natureza ou à minha essência, isto é, à essência de meu espírito.

> DESCARTES, R. *Meditações metafísicas*. Trad. J. Guinsburg e Bento Prado Jr. São Paulo: Abril Cultural, 1979 (Coleção Os Pensadores), segunda meditação, § 9; sexta meditação, §§ 2 e 3.

Texto 3. David Hume (1711-1776), *Impressões e ideias são percepções*

As percepções da mente humana se reduzem a dois gêneros distintos, que chamarei de *impressões* e *ideias*. A diferença entre estas consiste nos graus de força e vividez com que atingem a mente e penetram em nosso pensamento ou consciência. As percepções que entram com mais força e violência podem ser chamadas de *impressões*; sob esse termo incluo todas as sensações, paixões e emoções, em sua primeira aparição à alma. Denomino *ideias* as pálidas imagens dessas impressões no pensamento e no raciocínio, como, por exemplo, todas as percepções despertadas pelo presente discurso, excetuando-se apenas as que derivam da visão e do tato, e excetuando-se igualmente o prazer ou o desprazer imediatos que esse mesmo discurso possa vir a ocasionar. Convém observar ainda uma segunda divisão entre nossas percepções, que se aplica tanto às impressões como às ideias. Trata-se da divisão em *simples* e *complexas*. Percepções simples, sejam elas impressões ou ideias, são aquelas que não admitem nenhuma distinção ou separação. As complexas são o contrário dessas, e podem ser distinguidas em partes. Embora uma cor, sabor, aroma particulares sejam todas qualidades unidas nesta maçã, é fácil perceber que elas não são a mesma coisa, sendo ao menos distinguíveis umas das outras.

HUME, D. *Tratado da natureza humana.*
Trad. Déborah Danowski. São Paulo: Unesp/Imprensa Oficial, 2000, parte I, seção I, §§ 1 e 2.

Texto 4. Immanuel Kant (1724-1804), *O espaço e o tempo são as formas do perceber*

A capacidade de receber representações (receptividade), graças à maneira como somos afetados pelos objetos, denomina-se *sensibilidade*. Por intermédio, pois, da sensibilidade são-nos *dados* objetos e só ela nos fornece *intuições*; mas é o entendimento que *pensa* esses objetos e é dele que provêm os conceitos. [...] O efeito de um objeto sobre a capacidade representativa, na medida em que por ele somos afetados, é a *sensação*. A intuição que se relaciona com o objeto, por meio da sensação, chama-se *empírica*. O objeto indeterminado de uma intuição empírica chama-se *fenômeno*. Dou o nome de *matéria* ao que no fenômeno corresponde à sensação; ao que, porém, possibilita que o diverso do fenômeno possa ser ordenado segundo determinadas relações, dou o nome de *forma* do fenômeno. [...] É-nos completamente desconhecida a natureza dos objetos em si mesmos e independentemente de toda a receptividade de nossa sensibilidade. Conhecemos somente o nosso modo de os perceber, modo que nos é peculiar, mas pode muito bem não ser de todos os seres, embora seja o de todos os homens. É deste modo apenas que temos de nos ocupar. O espaço e o tempo são as formas puras desse modo de perceber; a sensação em geral, a sua matéria. [...] Mesmo que pudéssemos elevar essa nossa intuição ao mais alto grau de clareza, nem por isso nos aproximaríamos mais da natureza dos objetos em si. Porque, de qualquer modo, só conheceríamos perfeitamente o nosso modo de intuição, ou seja, a nossa sensibilidade, e esta sempre submetida às condições do espaço e do tempo, originariamente inerentes ao sujeito; nem o mais claro conhecimento dos fenômenos, único que nos é dado, nos proporcionaria o conhecimento do que os objetos podem ser em si mesmos.

> KANT, I. *Crítica da razão pura*. Trad. Manuela P. dos Santos e Alexandre F. Morujão. Lisboa: Fundação Calouste Gulbenkian, 1994, B33; B34; B60.

Texto 5. Maurice Merleau-Ponty (1908-1961), *Perceber é extrair o sentido imanente de uma constelação de dados*

Quando a *Gestalttheorie* nos diz que uma figura sobre um fundo é o dado sensível mais simples que podemos obter, isso não é um caráter contingente da percepção de fato, que nos deixaria livres, em uma análise ideal, para introduzir a noção de impressão. Trata-se da própria definição do fenômeno perceptivo, daquilo sem o que um fenômeno não pode ser chamado de percepção. O "algo" perceptivo está sempre no meio de outra coisa, ele sempre faz parte de um "campo". Uma superfície homogênea, não oferecendo *nada para se perceber*, não pode ser dada a *nenhuma percepção*. Somente a estrutura da percepção efetiva pode ensinar-nos o que é perceber. Portanto, a pura impressão não apenas é inencontrável, mas imperceptível e portanto impensável como momento da percepção. [...] Um campo sempre à disposição da consciência e que, por essa razão, circunda e envolve todas as suas percepções, uma atmosfera, um horizonte ou, se se quiser, "montagens" dadas que lhe atribuem uma situação temporal, tal é a presença do passado que torna possíveis os atos distintos de percepção e de rememoração. Perceber não é experimentar um sem-número de impressões que trariam consigo recordações capazes de completá-las, é ver jorrar de uma constelação de dados um sentido imanente sem o qual nenhum apelo às recordações seria possível. [...] A tomada de consciência intelectualista não chega até esse tufo vivo da percepção porque ela busca as condições que a tornam *possível* ou sem as quais ela não existiria, em lugar de desvelar a operação que a torna *atual* ou pela qual se constitui. Na percepção efetiva e tomada no estado nascente, antes de toda fala, o signo sensível e sua significação não são separáveis nem mesmo idealmente. Um objeto é um organismo de cores, de odores, de sons, de aparências táteis que se simbolizam e se modificam uns aos outros e concordam uns com os outros segundo uma lógica real que a ciência tem por função explicitar, e da qual ela está muito longe de ter acabado a análise. [...] Temos a experiência de um mundo, não no sentido de um sistema de relações que determinam inteiramente cada acontecimento, mas no sentido de uma totalidade aberta cuja síntese não pode ser acabada. Temos a experiência de um Eu, não no sentido de uma subjetividade absoluta, mas indivisivelmente desfeito e refeito pelo curso do tempo. A unidade do sujeito ou do objeto não é uma unidade real, mas uma unidade presuntiva no horizonte da experiência; é preciso reencontrar, para aquém da ideia de sujeito e da ideia de objeto, o fato de minha subjetividade e o objeto no estado nascente, a camada primordial em que nascem tanto as ideias como as coisas.

MERLEAU-PONTY, M. *Fenomenologia da percepção.* Trad. Carlos A. R. de Moura. São Paulo: Martins Fontes, 1999, pp. 24, 47, 296.

Texto 6. Ludwig Wittgenstein (1889-1951), *Os fenômenos sensíveis e suas expressões*

6.1. Dois empregos da palavra "ver". O primeiro: "O que você vê ali?" – "Vejo isto" (segue-se uma descrição, um desenho, uma cópia). O segundo: "Vejo uma semelhança nestes dois rostos" – aquele a quem comunico isto deve ver os rostos tão claramente quanto eu mesmo.
A importância: a diferença categórica de ambos os "objetos" do ver.
Um deles poderia desenhar exatamente ambos os rostos; o outro poderia notar nesse desenho a semelhança que o primeiro não viu.
Observo um rosto e noto de repente sua semelhança com um outro. Eu *vejo* que não mudou; e no entanto o vejo diferente. Chamo esta experiência de "notar um aspecto".

6.2. Ver o aspecto e o representar-se dependem da vontade. Há a ordem: "represente-se *isso*!" e esta: "veja agora a figura *assim*!"; mas não: "Veja agora a folha verde!"
Levanta-se então a questão: poderia haver pessoas que perdessem a capacidade de ver algo *como algo* – e como seria isso? Que consequências teria? – Este defeito seria comparável ao daltonismo ou à ausência absoluta de

audição? – Vamos chamá-lo de "cegueira para o aspecto" – e agora refletir sobre o que se poderia querer dizer com isso (Uma investigação conceitual).

6.3. Ambos, o comunicado e a exclamação, são a expressão da percepção e da vivência visual. Mas a exclamação o é num sentido diferente do comunicado. Ela nos escapa. – Ela se comporta com relação à vivência de modo semelhante ao grito com relação à dor.
Mas, porque ela é a descrição de uma percepção, pode-se chamá-la também de expressão de pensamento. – Quem olha o objeto não precisa pensar nele; mas quem tem a vivência visual, cuja expressão é a exclamação, *pensa* também naquilo que vê.
E, por isso, a revelação do aspecto aparece entre a vivência visual e o pensamento.

6.4. Alguém faz um cálculo de cabeça. E utiliza o resultado, digamos, na construção de uma ponte ou máquina. – Dirá você que ele *na verdade* não encontrou este número através do cálculo? Caiu-lhe nos braços em uma espécie de sonho? Era necessário que houvesse um cálculo e aí houve um. Pois ele *sabe* que calculou e como calculou; e o resultado correto não seria explicável sem o cálculo. – Mas, e se eu dissesse: "*Parece-lhe* ter feito cálculos." E por que o resultado correto precisa ser explicado? Já não é bastante incompreensível que ele pudesse CALCULAR sem uma palavra ou um sinal escrito?

O cálculo na imaginação é, em certo sentido, menos real que o cálculo no papel? – É o *verdadeiro* – cálculo de cabeça. – É semelhante ao cálculo no papel? – Não sei se devo dizer que é semelhante. Um pedaço de papel com alguns traços pretos é semelhante a um corpo humano?

6.5. Não devemos perguntar o que são as representações ou o que se passa nelas quando alguém se representa algo, mas sim: como é usada a palavra "representação". Isto, porém, não significa que quero apenas falar de palavras. Pois, na medida em que em minha questão trata-se da palavra "representação", ela é também uma questão sobre a essência da representação. E digo apenas que esta questão não pode ser explicada por um ato de mostrar – nem para aquele que se representa algo nem para os outros; nem pode ser elucidada pela descrição de um processo qualquer.

6.6. Uma representação não é uma imagem, mas uma imagem pode corresponder a ela.

6.7. A imagem de representação é a imagem que é descrita quando alguém descreve sua representação.

> WITTGENSTEIN, L. *Investigações filosóficas*. Trad. José Carlos Bruni. São Paulo: Abril Cultural (Coleção Os Pensadores), 1975, parte I, capítulo XI; parte II, §§ 364, 370, 301 e 367.

EXERCITANDO A REFLEXÃO

1. Alguns exercícios para você compreender melhor o tema:

    1.1. Como Aristóteles confere à percepção sensível o poder de determinar seus próprios objetos?

    1.2. Diga qual a mudança conceitual que René Descartes introduz no conceito de percepção com relação à concepção aristotélica.

    1.3. Por que, segundo Descartes, sentir é pensar?

    1.4. Qual a novidade de David Hume com relação ao conceito de percepção?

    1.5. Como Immanuel Kant escapa ao intelectualismo de Descartes e ao empirismo radical de Hume?

    1.6. Qual o erro que Maurice Merleau-Ponty identifica nas concepções tradicionais da percepção?

    1.7. Explique a influência da Psicologia da *Gestalt* sobre Merleau-Ponty.

1.8. Por que, segundo Wittgenstein, a forma de uma coisa não pode ser percebida como algo existente por si?

1.9. Uma imaginação pode ser verdadeira ou falsa segundo Aristóteles? Por quê?

1.10. Explique por que Descartes dá os exemplos do quiliógono e do miriágono ao falar da imaginação.

1.11. Por que, segundo Jean-Paul Sartre, a concepção da imagem mental como uma cópia de alguma coisa é uma "ontologia ingênua"?

1.12. Por que, segundo Wittgenstein, em vez de perguntar o que são as imagens ou representações mentais, devemos perguntar como a palavra "representação" ou "imaginação" é usada?

2. Desmontando e montando textos:

Neste exercício, vamos trabalhar com o texto 6.1 de Wittgenstein apresentado.

Wittgenstein investiga dois sentidos da palavra "ver". Trata-se de dois casos de percepção. No primeiro caso, alguém diz simplesmente que vê algo: "Vejo isto." Alguém pode dizer, por exemplo, que vê um livro.

No segundo caso, alguém diz: "Vejo uma semelhança nestes dois rostos." Isso quer dizer que esse alguém percebe o que há de comum entre dois rostos, uma "semelhança de família".

A diferença está em que, no primeiro caso, quem percebe diz perceber um objeto ou coisa determinada, ao passo que, no segundo caso, quem percebe diz perceber um traço ou uma característica comum entre duas fisionomias. Nesse segundo caso, um aspecto se revela àquele que percebe. Ou seja, a visão do aspecto da semelhança entre os dois rostos não é como a visão de um objeto determinado. Algo parecido ocorre neste exemplo:

"– O que é isto?
– Isto é uma folha de árvore!
– E como você vê essa folha?
– Vejo que ela é parecida com a folha daquela outra árvore!"

Nesse exemplo, temos duas percepções distintas: na primeira, identifica-se simplesmente uma folha de árvore; na segunda, a mesma folha é vista sob o aspecto da sua semelhança com a folha de outra árvore. A folha permanece a mesma, mas o modo de percebê-la é distinto.

É interessante notar que, quando alguém diz "Vejo um rosto" ou "Vejo uma folha", produz uma expressão direta, que pode ser tão espontânea como um grito em relação à dor. Mas, ao dizer "Vejo que esse rosto é semelhante àquele" ou "Vejo que esta folha é semelhante à folha de outra árvore", a expressão envolve pensamento. Mas essa expressão não é uma construção à parte, como se raciocinássemos para poder obtê-la. Ao contrário, ela nasce da percepção mesma, da presença do objeto percebido. Se correlacionarmos, então, o texto 6.1 com a apresentação do pensamento de Wittgenstein sobre a percepção, principalmente com sua crítica ao psicólogo gestaltista W. Köhler, veremos que a diferença de percepção não se deve somente a diferentes produções mentais. É o objeto percebido que possibilita essa diferença. É por isso também que Wittgenstein concentra sua análise no modo como exprimimos nossas percepções.

3. Praticando-se na análise de textos:

3.1. Compare o texto 6.1, de Wittgenstein, tal como o analisamos anteriormente, com os textos 6.2 e 6.3 e identifique os elementos apresentados por Wittgenstein para distinguir os tipos de percepção e as maneiras de exprimi-los.

3.2. Observe a diferença de estilo redacional entre os textos 1 a 6 aqui selecionados.

3.3. Releia os textos 1 a 5, transcritos anteriormente, relacione-os com a exposição do pensamento dos filósofos feita nos capítulos 1 e 2 e identifique a concepção específica de cada um a respeito da percepção e da imaginação.

4. Outros exercícios:

4.1. Para enriquecer sua compreensão, faça uma pesquisa sobre a Psicologia da *Gestalt* e o behaviorismo.

4.2. Pesquise sobre os sentidos filosóficos do termo "intuição" e compare-os com o modo como o empregamos na linguagem corrente.

4.3. Como podemos saber que nossa percepção e nossa imaginação são diferentes dos sonhos?

4.4. Algo que não pode ser percebido é algo sem significado?

4.5. É possível ter imaginação de coisas que nunca foram percebidas?

DICAS DE VIAGEM

Para você continuar sua viagem pelo tema da percepção e da imaginação, sugerimos:

1. Assista aos seguintes filmes, tendo em mente as reflexões que fizemos neste livro. Reflita se nossa percepção e imaginação dependem ou não de aceitarmos como real aquilo que é mostrado.

- **1.1.** *Cidade dos sonhos* (*Mulholland Drive*), direção de David Lynch, 2001, EUA.
- **1.2.** *O show de Truman* (*The Truman Show*), direção de Peter Weier, 1998, EUA.
- **1.3.** *Sonhos* (*Yume*), direção de Akira Kurosawa, 1990, Japão/EUA.
- **1.4.** *Asas do desejo* (*Der Himmel über Berlin*), direção de Wim Wenders, 1987, Alemanha.
- **1.5.** *Blow-up: depois daquele beijo* (*Blow-up*), direção de Michelangelo Antonioni, 1966, França/Reino Unido/EUA.

2. Leia os seguintes contos:
- **2.1.** "O espelho", de Machado de Assis, em MACHADO DE ASSIS. *Contos: uma antologia*, vol I. Sel., introd. e notas de John Gledson. São Paulo: Companhia das Letras, 1998, pp. 401-10.
- **2.2.** "O espelho", de Guimarães Rosa, em GUIMARÃES ROSA. *Primeiras estórias*. Rio de Janeiro: Nova Fronteira, 1988, pp. 65-72.
- **2.3.** FRANZ KAFKA. *A metamorfose*. Trad. Modesto Carone. São Paulo: Companhia das Letras, 2009.
- **2.4.** "As babas do diabo", de Julio Cortázar, em JULIO CORTÁZAR. *As armas secretas*. Trad. Eric Nepomucemo. Rio de Janeiro: José Olympio, 1994.

LEITURAS RECOMENDADAS

Sugerimos as seguintes leituras para o enriquecimento de sua reflexão sobre a percepção e a imaginação:

ARISTÓTELES. *De anima*. Apres., trad. e notas de Maria Cecília Gomes dos Reis. São Paulo: Editora 34, 2006.
Tratado da alma que articula Psicologia, Biologia, Metafísica e teoria do conhecimento. É bastante estudado no pensamento contemporâneo, porque examina a alma como princípio de desejos, pensamentos e ações, fora do paradigma dualista mente-corpo.

AUSTIN, J. L. *Sentido e percepção*. Trad. Armando Manuel Mora de Oliveira. São Paulo: Martins Fontes, 1993.
Adotando o método de análise da linguagem corrente, o autor explicita a semântica dos verbos perceptivos, com o objetivo de mostrar que os usos ordinários das palavras ensinam mais sobre os fatos da percepção do que as teorias filosóficas clássicas.

DESCARTES, R. *Meditações*. Trad. J. Guinsburg e Bento Prado Jr. São Paulo: Abril Cultural, 1979 (Coleção Os Pensadores).

Seis meditações apresentam o conceito moderno de sujeito pensante, que é tomado como ponto de partida para o exame das ideias ou pensamentos que representam o mundo objetivo. Por expor o dualismo que separa a mente do corpo, é obra de referência perene nos debates filosóficos acerca da mente humana.

MERLEAU-PONTY, M. *Fenomenologia da percepção*. Trad. Carlos Alberto Ribeiro de Moura. São Paulo: Martins Fontes, 1999.

O livro elabora um novo conceito de percepção no qual a relação entre a consciência e o mundo termina por dissolver a dicotomia sujeito-objeto. Apresenta uma crítica radical do pensamento ocidental que valoriza o subjetivismo filosófico e o objetivismo científico.

SARTRE, J.-P. *A imaginação*. Trad. Paulo Neves. Porto Alegre: L&PM, 2008.

Ensaio que traça a história do conceito de imaginação, tendo como central o problema do estatuto da imagem, seja nos métodos da psicologia empírica, seja nas concepções de filósofos clássicos.